Poema truncado de Madrid
de Alonso Quesada
se terminó de imprimir el
11 de febrero de 2025

POEMA TRUNCADO DE MADRID

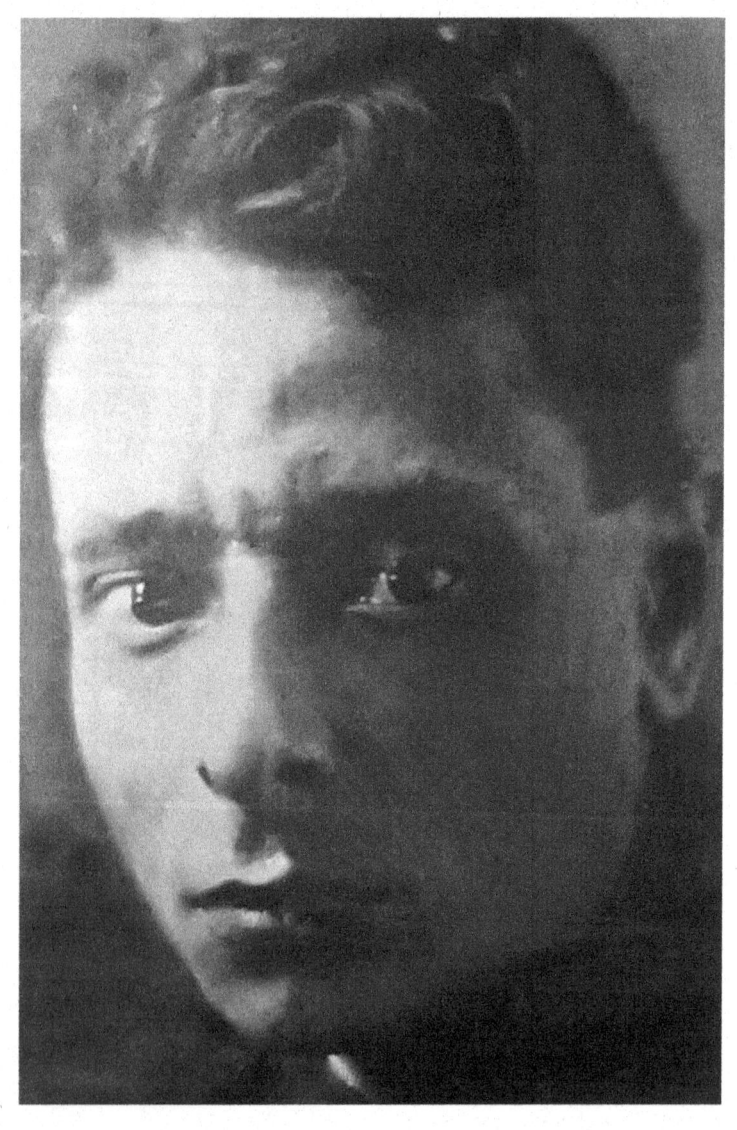

Alonso Quesada

POEMA TRUNCADO DE MADRID

(ENTREVISIÓN DE UN INSULARIO)

Presentación de *Andrés Sánchez Robayna*

SEVILLA   AÑO 2025

A V A N T - G A R D E
U ◦ L ◦ I ◦ S ◦ E ◦ S

COLECCIÓN
AVANT-GARDE

Dirigida por
Juan Bonilla *y* Luis Antonio de Villena

www.edicionesulises.com
tel.: (+34) 955998232 • info@edicionesulises.com

EDICIONES ULISES S.L., MADRID

Diseño de cubierta: Equipo Renacimiento

DEPÓSITO LEGAL: M 3503-2025 • ISBN: 978-84-19026-18-7
Impreso en España • Printed in Spain

PRESENTACIÓN

E N la primavera de 1918, Alonso Quesada viaja a Madrid para conocer a sus amigos de *España*, una de las revistas más significativas de la intelectualidad española de la época. La afabilidad del trato epistolar con algunos componentes del semanario anima al poeta a realizar ese viaje y a establecer un contacto directo; un viaje que, además, lo alejaría unas semanas de su monótona vida de oficinista en una banca inglesa y le permitiría encontrarse con su viejo amigo Gómez de la Serna y con maestros como Juan Ramón Jiménez. Quesada es por entonces conocido –y estimado– no sólo por *El lino de los sueños* (1915) sino también por los poemas que desde 1916 venía publicando en la revista. Es alrededor de esas fechas cuando rompe con lo que cabría llamar una concepción impresionista de la literatura e inicia un período de búsqueda y experimentación, como lo prueban ya los poemas publicados por el semanario madrileño desde 1917 en adelante, entre los cuales se cuenta el titulado *Poema truncado de Madrid (Entrevisión de un insulario)*, el más extenso de los que escribió y tal vez el que acusa con mayor nitidez los elementos de aquella transformación.

El poema fue publicado a lo largo de cuatro números de la revista entre los meses de octubre y noviembre de 1920. Lo integran seis «Cantos», introducidos por un «Prólogo o Inicial alegoría tumultuosa», más –en inteligente montaje– tres interrupciones o paréntesis titulados «Oasis», «Refugio» y «Alegría»; este último cierra el poema o, mejor dicho, lo deja suspendido o truncado. Brusco final, e irónico, para este «poema insulario de chisme y de impudor» de 652 versos.

Ya en el prólogo se nos entrega una de las claves del poema: un sueño remite al poeta al viaje realizado tiempo atrás a la capital española; este motivo inicial va perdiéndose para dar paso a la descripción –no exenta de rasgos profundamente críticos, a veces de tenor expresionista– de un Madrid rutilante y de algunos escenarios sorprendidos por la movilidad del viajero, así como a un mordaz testimonio de determinados personajes y ambientes de la metrópoli. Para Quesada, Madrid es el centro de una cultura y de un idioma, pero también de un duro desengaño, fruto de un invencible sentimiento de soledad. El suyo, afirma, es un viaje «espiritual». El poeta no abandona, sin embargo, la constante de la cotidianeidad, pues el poema recoge aspectos diversos de la vida diaria de la gran urbe de una manera directa: calles, periódicos, cafés, espectáculos y avenidas se abren a la mirada y a la experiencia de un hombre indagador y receptivo.

El significado último del poema nos lo sugiere, en parte, su subtítulo: es la entrevisión de un insulario, el tejido roto o discontinuo de la visión de la gran ciudad por parte de «un corazón atlántico». Seducción y frenesí, alegría y vivacidad no impiden al poeta advertir la caótica epidermis del mundo capitalino, de un mundo de superficies, de una ciudad, en definitiva, hueca o vacía. Por la personalísima calidad de la visión, por su escritura tensa y ágil y, en fin, por su insólito prosaísmo apasionado, el *Poema truncado de Madrid* es tanto uno de los textos más sugestivos de la poesía española postmodernista como una de las primeras y más atrayentes expresiones de la literatura hispánica de las vanguardias.

ANDRÉS SÁNCHEZ ROBAYNA

NOTA A LA EDICIÓN

Publicamos por vez primera en edición exenta, que sepamos, el magnífico *Poema truncado de Madrid* de Alonso Quesada. Después de darle unas cuantas vueltas a la posibilidad de incluir anotaciones al pie para ofrecer algo de información acerca de algunos de los muchos personajes que en el poema comparecen (algunos de ellos gigantes de nuestra literatura como Benito Pérez Galdós, Juan Ramón Jiménez o Ramón Gómez de la Serna sobre los que nada habría que anotar), acabamos decidiendo que no merecía la pena: por un lado, el protagonismo de la mayoría como figurantes del *Poema* se explica en los propios versos; por otro, si bien algunos de los nombres entonces muy afamados –el novelista Ricardo León o los críticos Julio Cejador y Juan de la Encina– dirán poca cosa a muchos lectores, saber algo más de ellos no les costará nada a los interesados: les bastará con una simple búsqueda en la red y la relevancia que tienen en el poema no aconseja que se les dé mayor protagonismo interrumpiendo la melodía del poema al llenarlo de notas al pie. De poco habría de servirle al lector –en cuanto a la valoración de la entidad del poema– saber quién era el ateneísta Pérez Díaz, miembro del Consejo de Estado, o el latinista y lexicógrafo Commelerán, y el propio poema le permitirá, con su ironía, deducir la fama como entrevistador de El Caballero Audaz, y lo exquisitamente exagerado que es cuando transforma a Claudio de la Torre en un personaje de Van Dick.

Quede constancia finalmente de nuestro agradecimiento a Andrés Sánchez Robayna, encargado de la presentación de esta singularísima obra de, por qué no atreverse a decirlo, nuestra vanguardia.

POEMA TRUNCADO DE MADRID

A Luis García Bilbao

PRÓLOGO

O

INICIAL ALEGORÍA TUMULTUOSA

No sé.
Acabo de soñar un sueño absurdo
como un hongo antiguo de alas enroscadas.
Es un recuerdo. Yo hice una vez un viaje
pedante, idiota. –La mar me separaba
del continente y yo crucé la mar, confiado
en la salud aparatosa de mi alma.
–Un viaje idiota es saltar en Cádiz
y hospedarse uno en el Hotel de Francia.
Después ir a Sevilla y ver la Catedral,
la calle de las Sierpes y la venta Eritaña.
Meterse luego en el Henar o el Ateneo
de Madrid y discutir la gracia
de un general vetusto
que tiene las razones y las barbas canas…

Este viaje era por el espíritu.
En la hediondez de una ciudad canalla
no se podía vivir. –Vivir es caminar
entre una fila de casas;
sentarnos en el Parque con un comisionista
o casarse, tal vez, en una iglesia
llena de teología sagrada,
esa teología-cardenillo
que lleva el cura asnal en la sotana.–
Y era preciso vivir. –¿Vivir? Maxim tenía,
entonces, una cursilería inusitada.
Yo era un pedante. Una mujer inmueble
no era lo más propicio. Y no hice nada.

Acudí al Ateneo. Un héroe, en la puerta,
un héroe de barbas,
me miró y su anacrónica levita
fue como otra mirada;
otra mirada larga y caída,
mirada austera y anticuada;
un mirar lisonjero y sopista
que brota de una pupila uniformada…

Yo apenas recordaba estos momentos.
Otra noche, en la Plaza de Santa Ana,
Luis Bilbao, dentro del fanal de sus lentes,
me habló con una razón alejada

de sociedad y de *ABC*, de cosas
humanas
tan fuera de Madrid, que hubimos de dar vueltas
toda la noche, hasta la madrugada.
Y él se acuesta a la una. Este recuerdo
es amable. –Lo anoto, porque estaba en Madrid y no estaba,
y porque este poema insulario
de chisme y de impudor
ha de tener una amistad que salva
al corazón
de sus ruindades agrias.
(¡Oh, amigo poeta, ya las horas
son lejanas,
pero un calor cordial –puente de ensueño–
brota del alma mía, hacia tu alma!
¡Madrid! –Un hombre solo,
dentro de ese Madrid, se escucha y calla.
No hay tranvías que crucen el espíritu,
ni el Caballero Audaz hace una interviú callada.

El hombre solo de Madrid, que mira
desde la hornacina de sus gafas
como un santo de palo,
eres tú: la amistad máxima.
Y este sueño feroz que hoy he tenido
–sueño que viene de Madrid– se acoge
a la sombra de tu graciosa tolerancia.)

Dormía. El Ateneo. –Pérez Díaz
para una cuestión previa pedía la palabra.
Madrid es todo unas cuestiones previas
y Pérez Díaz una Puerta del Sol encuestionada.–
La tos del general como el eco lejano
de una granada,
resonó en el Salón, cuando una testa prolongada,
una testa distinta
como una piragua
que estuviera aislada por la prora,
y esférica la proa se curvara
en el aire, surgió:
Académica y licenciada.
Silencio. Expectación. Dubois sonríe
y se aprieta la barba.
Un cura muge.
Suena la voz reglamentaria.
¿Quién es? Ya lo sabéis. ¡Aquel! Todos los reglamentos
del planeta corporizados en una figura estrafalaria.

El sueño me exaltó.
La cabeza en el sueño era la crisálida
de un hongo magno, el polen de un sombrerón terrible,
el Dostoievski de todos los sombreros de una raza…

¡Dentro de la cabeza fue a indagar mi sueño!
¡Madrid! La naguela testerada
del hombre aquel resonó
como una rota campana.
¡Dentro, rumor de oscuridad antigua!
¡Negra humedad de cueva abandonada!
Palpitaba una vida viscosa
entre la sombra huraña...
Imberbe Calibán de un desierto remoto
aparece en mi sueño. (La cabeza se abre
como la divina puerta encantada.)
¡Mi mano es libertad!... Era un sapo amarillo
cubierto de crisis, lentejuelas y sotanas.
Un sapo dentro, un sapo viejo
lleno de polilla fatal... ¿España?

CANTO PRIMERO

Yo me dormí en el Trianon Palace
de cuplés de Raquel. Es aburrido
el arte de esta bella mujer tan bien vestida.
Antes de la Raquel había yo visto
siete mujeres más, como las vacas flacas
del sueño faraónico. Pero cuando el momento divino
de salir la Raquel llegó, hube de huir sin pena,
como un patriota renegado y agresivo.

¡Dama sutil, señora sin gracia,
ingenuidad, doctora en un cuplé supino!…
Mi primer desencanto madrileño
es un recuerdo, apenas sensitivo…
Yo no entiendo el amor del tul,
ni el sartorial cariño,
ni el broslado chapín de seda silenciosa
pone remordimiento en mi espíritu…

¡Fue un honor el sueño,
la huida un prestigio!...

Madrid estaba loco de coches
y de señoritos...
La noche era demasiado clara
para mi corazón primitivo...

Pero Ramón –Echegaray– judías
en el escaparate cercado de mendigos,
judías como perlas,
montones de collares legítimos,
es, en la noche de Madrid,
el más elemental cobijo.
En un rincón un vate cortesano
deglute un *entrecó* erudito;
pero yo que no sé cómo se tiende
en la Corte la mano callo y miro.
(¡Taberna madrileña! ¡Economía
del juglar español desnutrido!
¡Sobre el mar, mi pensamiento es una nave
llena de ira, con la ruta al Pacífico!)
Dolor. Los ojos en las mesas
buscan un pan que se hace el distraído,
mientras un mozancón perfumado,
un atlético Cupido,

con un monóculo obsceno sobre un ojo
y un alma hecha de encajes de bolillos
impúdicos, se nutre como un pagano
emperador antiguo.
Es una marioneta de frac
que hace libros.

¡Huir! La noche es ahora más amplia
y el corazón al fin se hace infinito.
Entre el húmedo amor de la madrugada
vuelve mi encarnación de personaje tímido…
Y en el silencio de Madrid, silencio
que sobre mí siembro yo mismo,
brotan las claridades familiares
del ánimo contrito.

CANTO SEGUNDO

Café de espejos y columnas luminosas…
Camareros ilustres porque sirven
a hombres ilustres. −Olor de Eusebio Blasco.
Un verso para *La Ilustración Americana*
se fragua, solo, en un rincón solitario.
Jacinto Benavente. Diez comedias
debajo del sombrero aperlado.
Lleva el ingenio como un perro preferido
al que se dan bizcochos y se acaricia el rabo.
Thuiller con su belleza biselada
tiene postura de beneficiado
perenne. Un hombre lívido,
lívido y sordo, por un prodigio escandinavo,
aparece de negro. Nunca mira
con los ojos, que mira con los labios.
Los labios locos: toda el alma amarilla
como un sueño de opio, vibrando.

Un Doctor Rank que hubiera hecho
Martínez Sierra sin pretensiones de inmortalizarlo.

Un comediógrafo elegante
después. Tolerancia de Miquis. Muy simpático.
El tipo de español todo armonía
social. Por amistades, literato.
Comedias de buena voluntad. Jacinto
dice que están muy bien. Bicarbonato
químicamente teatral. La sal de frutas
del intelecto ricachón hispano.
Parlan. Lejos, el camarero los abraza
con una admiración de estreno fausto.

Suena un reloj. No suena. Se supone
que suena porque marca el horario.
Un reloj no se oye nunca
en un café español. Todo es tan largo,
las horas son eternas y el tumulto verbal
tan exacerbado
que la hora del reloj es un débil lamento
mendigo, en medio de un pueblo amotinado…
En España no hay horas. Nadie sabe la hora.
Una vez hubo una, hace mil años,
y esta es la hora actual. Un minutero
catedralicio corta el espacio

en dos mitades: sol y sombra;
día de sueño y noche de trabajo
oratorio. —Me decido
y salgo.
Fuera, la Puerta del Sol tiene
una elocuencia exuberante de bigardos.
Pasa un ministro con una piruleta
sobre el baúl de su sabiduría. Es raro.
Un fósil de Dubois. Pitecántropo.
Cruza un gitano.
Una mujer espléndida. Belleza
elocuente también. Un párrafo
brillante de mujer. Saco el reloj,
un reloj suizo, perfectamente organizado,
y mis ojos marineros,
mi corazón atlántico,
reconocen la hora de mi sueño
inglés: un inglés injertado,
un inglés de paquebot, pero al fin,
un inglés. Y un inglés ya es algo...
Camino. La estolidez del *Ideal*
me azota el rostro como un viento áspero.
Voy a dormir —Barquillo uno—
frente a un Banco.
Una voz de pregón. Miro y entro.
No compro el *Heraldo.*

OASIS

Juan Ramón Jiménez
tiene una casa inglesa
en medio de Madrid. Él es un indio
bello como Rabindranath, y su barba
de ébano cubre de un silencio sagrado
la timidez de mi alma espectadora...
Es una tarde. El oro llega
de un lejano jardín, un oro dulce y triste
que hace un poema impersonal
dentro de mi corazón aldeano...

Yo no sé por qué estoy aquí.
El poeta me extiende su mano elegante
—mano elegante y pensativa,
reciencasada—, y mi ánima se agita
como una rosa, la cierta rosa del poeta amado.

¡Malva sutilidad! Palabras en el aire...
Oloroso rumor de jazmines reales
en mi recuerdo. (Madrid está fuera.
Más allá de Madrid, detrás del mar, el monte
nativo: soledad orgullosa
y una agria paz inquieta.
¡Oh, Juan Ramón! Es áspera esa tierra,
y el hombre de esa tierra, malceñudo y callado...
Sólo Europa que cruza las ondas
me toca en la frente el día de posada,
y el árbol me siembra
raíz de otra vida.)

El poeta escucha. Mis ojos se detienen
en un paisaje rojo,
un rojo de niño, de un pintor que tiene
una barba roja, como sus paisajes...

Silencio. Una moza española
trae unas infantiles tazas japonesas
y un té de Ceilán... ¡Qué lejos este aroma
del aroma castizo!... Es día de toros,
de muchedumbre de abalorios. Hombres
con gracia nacional, sin otras luces
que las luces de los trajes vivarachos...

Juan Ramón se ilumina suavemente
por la luz interior. La estancia tiene
la tibia claridad de un *hall* lejano...

El pintor del paisaje se acerca.
Es más niño en el diálogo. Habla de California
y de senderos de Arte. Juan Ramón
le acaricia el ensueño y yo le pongo
sin que él lo note todo el sueño mío
como una moneda en su alma pobre.
En su alma pobre y nobilísima. (El alma
también es roja como las barbas y el paisaje.)

Más quietud, y alcanzan las palabras
una enguantada entonación. Palabras
de luz. Entre el humo del té,
las palabras se hacen sonidos de humo.

Noche. Un rumor de mujer sensitiva.
Las almas acuden como mariposas.
La plata verde de la noche viene...

Juan Ramón se recoge, y en la sombra
del estudio aparece, como un reflejo silencioso,
la azul silueta de la amada...

¡Oasis en Madrid! En mi memoria
hay esta reconciliación divina…

CANTO TERCERO

Eʟ territorio nacional
es una piel de toro extendida y curtida.
(Curtida de dolor.)
Estoy en el centro de esa piel, un mediodía,
un mediodía bruñido de sol.
La calle de Sevilla tiene una gracia loca.
Todo el mundo se ríe menos yo.
Un títere andaluz con las nalgas pulidas
cruza sonando el ripio de su tacón.
Es una gloria. Da gloria verlo.
Una culebra que es un lagarto (superstición)
se espiraliza por la cintura
que es el secreto de su ovación.
Ovacionado. Lleva el aplauso
perennemente. Hay un rumor
que lo acaricia constantemente.
–Halo sonoro de la «afición».

Camina. ¿Acaso camina? Es lindo
como un extravío civilizador...
Alguien en la esquina sonríe y lo mira.
La mirada es un traje de luces
que roza las ancas. (La seda es mejor.)

La calle de Sevilla. Un café afeitado.
Hombres afeitados. Voces sin pudor.
Un sombrero redondo,
como un eléctrico ventilador,
da el aire y la gracia. El pensamiento nacional,
como una coleta, se cobija a la sombra
de este sombrero picador.
Diálogo. Un señor Belmonte,
negro como el hambre, surge de la conversación
y un señor Gallito —una serpentina humana—
pasión,
arte y ciencia,
álgebra superior,
astronomía, cálculo infinitesimal,
¡Dios!,
aparece en la puerta lleno de luz celeste,
y su aparición,
serena la crisis del hambre,
la crisis de la revolución.
Se estremece la calle de Sevilla

con un profundo temblor
que repercute en México.
¡Triunfo! ¡Aproximación
hispanoamericana! ¡Novela
de Ricardo León!...
¡Oratoria de Maura! ¡Real Orden de Cierva!...
¡Nuevo Gobernador
en Barcelona!... ¡Apoteosis!
Función de gala en el Español.
¡*La niña boba* en la Princesa!
¡Retrato en *ABC* de Camprodón!
¡Excursión cinegética a los Picos de Europa!
¡*Football!*
¡Los reposteros nobles adornan La Bombilla!
¡Hace una crítica don Julio Cejador!
¡Estreno de polainas en La Castellana!
¡Blasco Ibáñez se vuelve a Nueva York!...
¡Joselito es la patria! ¡El día vibra!...
¡En Flandes no se ha puesto el sol!

CANTO CUARTO

Puerta del Sol prestigiosa
como Commelerán...
Puerta del Sol a la hora
crepuscular.
Estudiantes de todas las provincias.
Café Universal.
Bola en Gobernación tan consecuente
en subir y bajar...
Yo estoy en medio como un americano
que acabara de ser nombrado corresponsal...

La Puerta del Sol es un cuadro de época
que todo el mundo ve sin admirar,
pero después en provincias decimos:
¡La Puerta del Sol, ah!,
como: «He visto el cuadro de Doña Juana la Loca;
se siente el viento cruzar...

La luz de los cirios se curva
como si hubiera viento en realidad».
La Puerta del Sol es vieja
tiene el prestigio de una Catedral;
por Catedral, no por arte, es su fama.
¡Oh Puerta del Sol sin seriedad!

–Un político. El señor de Sánchez Guerra
pasa con una distinción funeral.
En la boca luce dos catafalcos
amarillos y negros. Descansa en paz
porque tiene una historia cuidadora
de orden social.
Es un político reciente,
siempre es reciente su antigüedad,
como *El alcalde de Zalamea*
o *García del Castañar*.
Es un político refundido.
Se pone siempre en tiempo de vendaval,
como en noviembre *Don Juan Tenorio*.
¡Es tan eterno como el *Don Juan!*

Ahora se marcha. Es la bola de su Ministerio.
Cuando da la hora se le ve bajar,
luego sube incólume. Es la propia bola
para raciocinar.

Otro político. Don Eduardo Dato.
Va en un automóvil nacional.
Los demás políticos. Es la hora imbécil
de patriotismo colonial.
Una mujer me mira. Llevo un sombrero
completamente provincial,
la americana desabrochada
y un aire de paleto sin rival.
Yo quisiera perderme, mas no puedo.
¡Nadie se pierde en esta corte oficial!
Todo es Puerta del Sol… ¡Oh, el isidrismo
incompleto, perjudicial!…

Sombra. La noche sale
como de un café astral.
Las estrellas son chistes de esa noria
que es el ingenio de Madrid. Igualdad
de gracia, democracia del ánimo,
¡socialismo mental!…

¡Señor! Mi alma ahora es una losa.
Mi corazón, intolerablemente audaz.
¿Esta ira amarga del pecho desnudo
es mía? ¿Soy un salvaje
azotado de mar,
o un hombre solo, como un fantasma rencoroso

y amarillo, que cruza la ciudad,
rápido, carcomido hasta la entraña
de su hastío animal?...

. . . .

¡Silencio! Pasa con una brasileña
don Ramón del Valle-Inclán.
Es manco. Yo le daría ahora mi brazo
iracundo. Él lo sabría utilizar.

REFUGIO

ESPAÑA. Dos abrigos rivales,
el abrigo de Luis Araquistáin
y el de García Bilbao.
¿Cuál tiene más frío de los dos? Nadie lo sabe.
Ni ellos saben tampoco si aún están abrigados.
Son abrigos casi etéreos,
abrigos que ya están acostumbrados
al frío, y el frío atraviesa el camino del pecho
con crueldad de frío ártico…

Seriedad. Núñez Arenas
habla con los lentes como si fueran vocablos.
Claudio de la Torre
es un retrato
con influencias de Van Dyck. (Juan de la Encina
quizá le encuentre algún origen vasco.)

Echevarría mezcla su timidez
de pintor y de millonario
como dos colores y logra otro color
más amplio:
la pureza cortés, la sonrisa serena,
la noble tranquilidad de su mano.

Un hombre de cobre,
de cobre búdico y mirar desorbitado,
entra, se sienta, habla y se marcha.
Deja un gracioso rastro
fisonómico, una curiosidad
de comentario.
Es un teósofo. ¡Quién sabe dónde se ha fundido
el bronce de este hombre tan lejano!...

Salinas —desde el fondo de su ingenio—
hace un guiño silencioso con el ánimo;
y su aspecto indeciso
de prior franciscano,
que no fuera prior ni franciscano ni aún tuviera un
    [parecido exacto,
sino ese parecido diferente y temeroso
que sugiere el parecido evocado,
llena el balcón. La luz de la tarde
se detiene en la enorme espalda de Salinas. El ocaso
no es posible con Salinas en el balcón

asomado.
La estancia tiene un sordo rumor de conjura,
una armónica sensación de taller voluntario.
El espíritu de Canedo, como un marfil invisible
hecho por la gracia de un ingenio miniado,
con un silencio único y una sutileza de oro
en el pensamiento damasquinado,
llega estrenando un traje
como en cualquier domingo provinciano.
El gran Bagaría escribe una carta.

¡Qué raro!
Escribe y con una frialdad sindicalista
pone una K en la cuartilla en blanco
para empezar. El pantalón asoma
bajo la mesa. Un pantalón caricaturizado.
Pausa. Reflexión. Un aliento medido
de seriedad inglesa. Frente, el Café del Prado
canta su música. Madrileñismo. Hace cosquillas
de Pérez Zúñiga. Serenata de Fausto.
Dos mujeres tristes,
un violín y un piano.
Ambiente de crónica literaria de Nogales.
¡Exceso de ayeres y terquedad de un presente reacio!
Vuelvo hacia dentro.
Renuevo el corazón y aguardo.

¡Rincón de paz y de labor,
para el viajero espíritu acobardado,
refugio reconciliador
de todo el mal camino andado!...

CANTO QUINTO

Olor de can sarnoso. Patria académica.
Impudor. Vejez. Rebotica carcomida.
Jaula nacional.
Una bola de cemento con dos rizos,
adorno de puerta de jardín de mal gusto,
derrite la traidora suavidad de su oratoria.
Orden y orden. Orden y orden.
La meretriz repite: Honor y honor.
Orden escarlata de sesos machacados,
paz de sepulcro y goda estupidez.
El encargado de mis lares
pide una cosa.
Los estudiantes telegrafían que la consiguió.
Yo, que soy el hombre más oscuro de mi tierra,
más oscuro todavía que el obispo,
siento un recóndito rencor
hacia este hombre eminente

que ha pedido una cosa con un éxito enorme...
Yo no he tenido nunca un triunfo,
ni siquiera un triunfo local...
Y este encargado que nació conmigo,
que fue a la rebotica como he ido yo,
es ilustre en la Patria. La Patria es ingrata
conmigo, es próvida con él. ¡Patria parcial!

Ladran. Un señorito
como una muestra sin valor
se levanta y replica. Un viejo cínico
saca de su vientre de canguro la razón
y se la da al muchacho. El muchacho la carga
y la arroja al salón.
La razón se levanta fanfarrona,
hace un gesto de caderas sin pudor
y mira, descarada, los escaños berberiscos...
Elocuencia. Sensación.
Cursilería. El panadero mallorquín
surge de sus cenizas como un Fénix menor...
Palabras, con lividez de coronas funerarias,
desesperado olor
de viejos pebetes en una sacristía
donde se orina el monaguillo y el párroco contrata
la viudez solitaria como un negocio de perdón.
Ley antediluviana. Leyenda de orgullo.

Horteril señorito español.
Flojedad en las ancas masculinas,
debilidad aupada por la reiterada ovación.
Comedieta patriótica
de circo sin clown.

Salgo. El alma mía está ya rota.
No hay luz en la ciudad. El corazón
se pierde entre la muchedumbre madrileña.
Periódicos. Gentío coruscante.
¡El discurso de Maura en circulación!
Escaparate de mujeres escogidas.
Hay guerra europea en la nación.
Corro. ¡Un tranvía! Casa de don Benito,
rincón solitario. Un temblor
de miedo, de remordimiento. El aire
ahuyenta el recuerdo del pasado dolor.
Silencio. Don Benito no sale a la calle.
Ya está ciego. Mejor. Mejor. ¡Mejor!

CANTO SEXTO

FUNCIÓN de gamuza. Aristocracia.
Gente maquillada y sin gracia.
Temerosa lubricidad.
Disimulo católico.
Un silencioso mirar erótico.
Vaciedad.
La marquesa. Los duques. La señorita
de tal. Una comedia bonita.
María y Fernando. Lo mejor.
Rumores de pies emocionados,
cortesías en los palcos iluminados
de pedrería insolente. Nobleza. Honor.
Estúpida hermosura de Emperatriz Eugenia.
Elegancia traducida del francés,
como el drama, que es inglés.
Un *pollito* presumido
que se inquieta porque no se alza el telón.

Un discreto taconeo distinguido
de gente que está pensando en alta voz.
Una corona diamantina sobre la oquedad de una testa,
un alfiler en una corbata intelectual,
un collar de zafiros del siglo diecisiete,
un zapato imperial.
Oraciones de Paquin, jaculatorias de Worth,
gente de frac, gente... de frac.
Un *smoking* rezagado, una camisa brillante,
deslumbrante
como el discurso de un español.
Unos impertinentes de abolengo
—óptico orgullo— y Puerta del Sol,
otra vez Puerta del Sol, *dentro,*
con la misma hueca aglomeración...
Un telón de damasco,
corona de grandeza y un cordero suspendido.
(El cordero suspendido es la plebe nacional.)
Simbolismo. (El cordero.) Tono rosa
madurando un *Sacré-Coeur.* Raza *mal.*
Un amante. Cien amantes...

¡Sacristía
con mejunjes de *boudoir!*

Salgo. Llueve.
El camino de la plebe
es enorme. No se puede cruzar.
Los hermanos del cordero suspendido
van al cine dislocados. Un motín
peliculero bajo el agua.
Muchedumbre febril...

¡Corte de la Milagrería,
corazón adorable, gentil
ciudad de la alegría espeluznante
y la frivolidad importante!...
¡¡Madrid!!

ALEGRÍA

Ramón Gómez de la Serna
está alegre en Pombo. Está alegre
porque toda la gente más triste le acompaña
con un grotesco sombrero de copa ideal.
Los amigos de Pombo quieren ser ilustres.
Son los que son ilustres sin serlo jamás.
Todos son de España y a veces parecen
de ciudades raras que tienen cierta universalidad.
Ramón es el gran alegre. Tiene la alegría
fastuosa de su originalidad.
Él mismo es un capricho suyo,
un formidable capricho genial...

Pombo se ha ocultado para que le dejen
recordar su dulce antigüedad.
Pombo es un chocolate viejo,
un chocolate que no se acaba de probar,

y que está en una mesa solitaria
esperando al parroquiano usual.
Pombo tiene una gracia de Campoamor anciano,
y una luz honesta de mediocridad.
Ramón lo ha llenado de alegría.
Pombo tolera alegre la travesura de esta amistad,
porque Ramón es el nieto precoz,
el nieto de la gracia, la esperanza familiar.

Ramón habla tan alto
que nadie puede hablar,
pero un ciego escucha la voz de Ramón
y ve la voz y se ilumina su oscuridad.
(Este ciego es una huella en mi vida.
Él nunca supo que estuvo al lado de mi simplicidad.
Yo rondé silencioso las pupilas taciturnas
y le traje un silencio de ciego a mi mar...)

¡Alegría! Ramón sostiene la alegría
para los demás.
Ellos son las cosas mudas
que Ramón anima con el hierro de su voluntad...

¡Alegría distinta, de ser fuerte,
de poder, desnudamente, pensar,
de pensar siempre, y tener pensamiento
para el camino de la eternidad!...

. . . .

El poema se trunca. Da la una
en un reloj oficial.
Pombo se desvanece como el día
entre las calles de la ciudad.

El poeta recibe un telegrama
como cualquier afamado industrial.
Un telegrama de comerciante,
que es este su oficio habitual.
El poeta recibe un telegrama
del hombre que le envía el capital.
El dinero se acaba y no es prudente
dejarlo del todo acabar.
Por tan imperiosa razón crematística
queda el poema sin terminar.

Viaje de 1918

ÍNDICE